Ringelgasse

19

Bibliografische Information der Deutschen Nationalbibliothek:

Die Deutsche Nationalbibliothek verzeichnet diese Publikation
in der Deutschen Nationalbibliografie.
Detaillierte bibliografische Daten sind im Internet
über **http://dnb.d-nb.de** abrufbar.

4 3 2 1   D C B A
© 2015 Ravensburger Buchverlag Otto Maier GmbH
Postfach 18 60 · 88188 Ravensburg
© 2012 MotionWorks lizensiert durch WunderWerk
Nach den Drehbüchern von Andreas Strozyk
Skript Editor: Tony Loeser
Regie: Andreas Strozyk, Tony Loeser
Illustrationen: Thorsten Drössler
Umschlaggestaltung: dieBeamten / Anja Langenbacher und Reinhard Raich
Printed in Germany
ISBN 978-3-473-44667-4
www.ravensburger.de

Als Tanja ganz alleine war
... und andere Geschichten

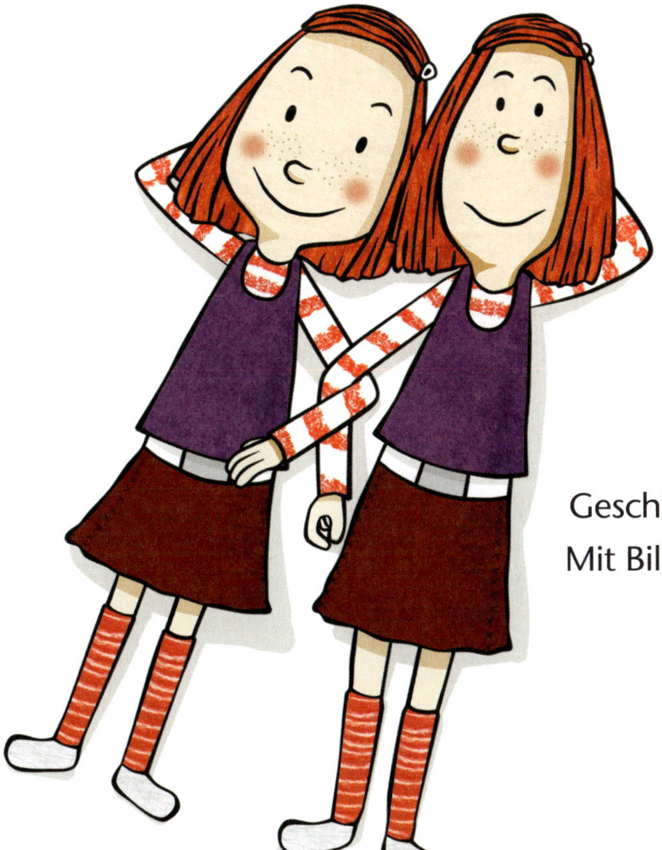

Geschichten von Andreas Strozyk
Mit Bildern von Thorsten Drössler

Ravensburger Buchverlag

Sonderberg

In der kleinen Stadt Sonderberg gibt es sieben Buslinien, aber nur eine Straßenbahn, ein Museum, in dem ein Dinosaurierskelett steht, eine Burgruine mit schöner Aussicht, aber ohne Gespenst, dafür eine Keksfabrik mit Direktverkauf. Und ganz am Rande der Stadt, wo man schon die Felder sehen kann und die Bahnschranke hört, da ist die Ringelgasse.

Das Haus Nummer 19 gehört Herrn Klever, der wohnt aber nicht hier. Hier wohnen Leute wie der Zeichenlehrer Ernst, der in die Postbotin verliebt ist, eine neugierige Witwe namens Lüderitz und Hausmeister Wutz, der auch Wasserballtrainer ist.

Aber das ist noch längst nicht alles in der Ringelgasse 19 …

Inhalt

Die Bewohner
der Ringelgasse 19

Herr Ernst

Der Zeichenlehrer träumt gern zum Fenster hinaus und ist heimlich in Pias Mama, die Postbotin, verliebt.

Tanja und Tonja, 10 Jahre

Die Zwillinge mögen Nougathörnchen, schicke Kleider und wissen immer alles ganz genau. Wenn sie groß sind, wollen sie Models werden.

Tiffy, 14 Jahre

Eigentlich ist sie schon viel zu erwachsen für die Kinderspiele im Hof, aber manchmal hat sie doch noch ein paar richtig gute Ideen.

Witwe Lüderitz

Die alte Dame wittert immer und überall ein Verbrechen. Wenn sie nicht gerade Kriminalromane liest oder die Straße beobachtet, läuft sie mit Kater Brown Patrouille im Treppenhaus.

Swenja, 3 Jahre
Tomek, 11 Jahre

Tomek ist ein Forscher. Er muss immer alles auseinandernehmen, um zu sehen, wie es funktioniert. Seine Schwester Swenja ist die Kleinste in der Ringelgasse 19. Am liebsten will sie immer überall mit dabei sein.

Andrej, 9 Jahre
Alexej, 8 Jahre

Die Akrassimowitsch-Geschwister kommen aus der Ukraine. Sie sind sehr musikalisch, weil ihre Eltern Musiker sind. Alle spielen ein Instrument und sind nicht nur dabei richtig laut.

Sergej, 7 Jahre
Ludmilla, 6 Jahre

Pia, 6 Jahre

Sie wohnt zusammen mit ihrer Mama im ersten Stock. Am liebsten spielt sie im Hof Fußball. Pia sagt nicht viel. Aber nicht, weil sie nichts weiß – Pia ist ein bisschen schüchtern und wird immer rot, wenn die anderen sie ansehen. Was Pia sich am meisten wünscht, ist ein Papa.

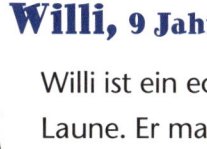

Willi, 9 Jahre

Willi ist ein echter Kumpel und hat nur ganz selten schlechte Laune. Er mag Comics, Fernsehen, und er isst gern – am liebsten alles gleichzeitig. Willi hat immer viele Ideen und will auf keinen Fall Hausmeister werden wie sein Papa.

Als Tanja ganz alleine war

Heute spielt kein Kind im Hof. Obwohl herrliches Wetter ist. Ist etwas passiert? Oh ja, etwas ganz Schlimmes! Tanja hat sich das Bein gebrochen. Jetzt sitzt sie schon seit einer Woche oben in der Wohnung und langweilt sich. Sie hat schon alle Bücher gelesen. Sie hat alle Spiele gespielt. Sie hat alle Musik gehört und alles im Fernsehen gesehen, was es zu sehen gibt. Es ist nicht schön, seit einer Woche alleine zu Haus zu sein. Tanja kann nicht einmal zum Hoffenster hinausschauen, weil sie nicht laufen darf.

„Bestimmt spielen jetzt alle im Hof.
Nur ich nicht. So ein Mist!", seufzt sie.
Tanja schaut aus dem Fenster auf die
Straße hinunter.

Und wen sieht sie da? Pia! Was macht Pia denn auf der
Straße? Wieso ist sie nicht im Hof? Und was hat sie da für
einen Karton? Tanja sieht genauer hin. Der Karton hat
Luftlöcher.
Ein Tier!, denkt Tanja. Pia hat ein heimliches Tier! Und keiner
weiß etwas davon! Nur Tanja weiß es!

„Bestimmt geht Pia jetzt
in den Wald und spielt mit
ihrem süßen heimlichen
Tier und hat ganz viel Spaß.
Und ich nicht", murmelt
Tanja und ist gleich noch
viel trauriger.
Sie schaut wieder aus dem
Fenster. Pia ist nicht mehr zu sehen. Aber da kommt Herr
Keller mit seinem Lastenfahrrad aus der Toreinfahrt, und
vorn drauf sitzt Pia mit dem Karton.
Jetzt fährt Pia mit Herrn Keller und ihrem heimlichen Tier
auch noch spazieren! Und ich muss hier oben sitzen, denkt
Tanja.

Was wohl die anderen machen? Tanja schnappt sich das Fernglas und beobachtet die Straße. Sie muss nicht lange warten. Da kommt Willi! Er hat eine Tüte. Was ist da wohl drin? Bestimmt hat sich Willi wieder etwas ausgedacht. Etwas, womit er Mädchen erschrecken kann. Vielleicht Knallfrösche? Oder eine Maus! Tanja kann sich sehr gut vorstellen, wie es ist, wenn Willi die Aufziehmaus laufen lässt und alle Mädchen sich erschrecken, und wie es dann ist, wenn Willi lacht und sagt: „Das war doch nur eine Aufziehmaus!" Dann lachen sie alle zusammen. Und Tanja lacht nicht mit. Tanja sitzt ja alleine oben.

Alle haben Spaß, nur ich nicht, denkt Tanja. Wieder sieht sie gelangweilt aus dem Fenster. Nanu? Was ist denn das?

Tanja reibt sich die Augen. Träumt sie? Da kommen die Akrassimowitsch-Kinder mit einem Sessel. Was wollen die denn mit einem Sessel?

Tanja überlegt: „Das kann nur etwas ganz Verrücktes sein! Bestimmt bauen sie Raketen unten dran und wollen ganz hoch fliegen, um bei anderen Leuten ins Fenster zu sehen."

Das ist bestimmt ein großer Riesenspaß, und wenn die Akrassimowitsch-Kinder wieder heil unten gelandet sind, haben sie sicher spannende Sachen zu erzählen. Und alle lachen, nur Tanja nicht.

Tanja sitzt hier oben, ganz alleine und schaut aus dem Fenster. Und was sieht sie da? Ihre eigene Schwester Tonja spricht mit Tomek! Obwohl Tanja und Tonja ausgemacht haben, mit Tomek kein Wort mehr zu reden. Weil Tomek gesagt hat, Mädchen haben ja keine Ahnung von Fußball! So ein Quatsch! Tanja ist jetzt noch ganz wütend, wenn sie daran denkt.

Wer weiß, was die beiden noch zusammen machen. Ohne
Tanja! Vielleicht gehen sie Eis essen? Und dann spazieren!?
Und auch noch Hand in Hand! Womöglich, vielleicht …
Das ist so gemein, alle sind gemein, denkt Tanja. Keiner
denkt an mich.
Ihre Mutter, Frau Dr. Kronbusch, öffnet die Zimmertür und
flötet: „Tanja, Besuch für dich!"
Noch bevor Tanja überlegen kann, wer das wohl sein
könnte, steht Willi mit der Tüte in der Tür. Willi grinst. Tanja
guckt ihn böse an.
„Du kannst deine Mäuse für dich behalten!", knurrt sie.
Willis Grinsen verschwindet.
„Ich hab mein ganzes Taschen-
geld für die Mäuse ausgegeben!",
sagt Willi. Er fingert in der Tüte
herum und holt eine leckere
Zuckermaus heraus.
„Oh!", sagt Tanja überrascht.
„Für mich?"
„Na klar! Freust du dich?", fragt Willi.
„Ja sehr!", sagt Tanja, und das stimmt.
Willi schenkt Tanja die ganze Tüte Zuckermäuse, und Tanja
gibt Willi eine ab. Beide schmatzen und grinsen sich an.
Da geht wieder die Tür auf.

„Besuhuuch!", ruft Frau Dr. Kronbusch, und Herr Keller steht in der Tür. Tanja wundert sich. Und Pia ist auch da. Mit dem Karton! Ob da etwa das heimliche Tier …?
Pia sagt, dass sie sich sehr beeilen musste, um mit Herrn Keller das hier abzuholen. Es ist ein Kaninchen! Für Tanja!

Das ist ja so süß! Tanjas Herz hüpft vor Glück. Wie lieb von Pia und von Herrn Keller! Das hätte Tanja nie gedacht. Sie streichelt das Kaninchen und ist total glücklich.
Plötzlich steht Tomek im Zimmer. Tomek? Tanja sieht ihn misstrauisch an. Was will der denn hier?
Was sagt Tomek da? Tomek wird mit Tanja die Hausaufgaben machen? Mit Tanja ganz allein?! Schon wieder hüpft Tanjas Herz vor Glück.

„Besuhuuch!", ruft Frau Dr. Kronbusch da wieder. Na so was, jetzt kommen auch noch die Akrassimowitsch-Kinder! Sie haben eine Überraschung für Tanja, unten im Hof. Was kann das wohl sein?

Herr Keller nimmt Tanja einfach auf den Arm, und dann laufen alle die Treppe hinunter, um sich die Überraschung anzusehen. Die Akrassimowitsch-Kinder haben an den alten Sessel vier Räder gebaut. Herr Keller setzt Tanja in den Sessel. Jetzt kann sie mit dem Sessel hin und her rollen, und sie kann sogar mit den anderen Ball spielen. Tanja ist ein bisschen verlegen, weil sie das alles gar nicht erwartet hat, aber dann wirft ihr Pia auch schon den Ball zu …

Jetzt ist es fast so wie immer, und alle Kinder spielen wieder im Hof.

2. Als sie eine Zirkusvorstellung gaben

Wie immer spielen die Kinder im Hof. Sie spielen Fußball.
Aber heute geht es nicht darum, Tore zu schießen …

Andrej lässt den Ball zwölfmal auf seinem Kopf springen und
gibt ihn zu Alexej. Der jongliert den Ball mit beiden Knien
und gibt ab zu Sergej. Der balanciert den Ball auf seinem
Kopf, lässt ihn abrollen und schießt sogar noch ein Tor.
Pia sagt: „Das ist ja wie im Zirkus!"
Die Kinder sehen sich an. Zirkus? Eine tolle Idee!

„Wir machen eine Zirkusvorstellung!", rufen sie.
Zirkus RINGELGASSE! Mit den Zwillingen als Akrobaten,
mit Tomek als Zauberer, Seiltänzerin Pia und Willi, dem
Löwenbändiger. Und natürlich mit der umwerfenden
Akrassimowitsch-Zirkuskapelle. Schnell malen die Kinder
ein großes Plakat und hängen es in der Hofeinfahrt auf.
Schon morgen findet die große Zirkusvorstellung statt, und
sämtliche Bewohner der Ringelgasse 19 sind eingeladen.
Alle sind unheimlich gespannt.

Tanja und Tonja sind in ihrem Zimmer und trainieren.
Schließlich wollen sie die tollste Nummer aller Zeiten
zeigen: Synchronpurzelbaum, anschließend freihändiger
Kopfstand und dann den eingehüpften Spagatsprung.

Sie trainieren, bis Tanjas Bett zusammenbricht. Dann ist
Schluss, sagt jedenfalls Herr Dr. Kronbusch.

Aber die Zwillinge haben ja noch Tonjas Bett, das nicht kaputt ist … noch nicht!

Tomek probiert den größten Zaubertrick aller Zeiten. Swenja soll in ein Häschen verwandelt werden. Swenja steht schon lange bereit, aber Tomek liest noch in seinem Zauberbuch. Man braucht eine dicke Wolke und einen Zauberstab. Tomek holt seine schicke Nebelmaschine, produziert eine dicke Wolke, schwenkt den Zauberstab und … Die Wolke verschwindet, und Swenja ist immer noch Swenja und kein Häschen. Tomek probiert es noch einmal. Jetzt muss es klappen! Die Wolke löst sich auf, und Swenja ist verschwunden! Stattdessen sitzt ein Plüschhase auf dem Teppich. Tomek bekommt einen Schreck! Aber dann kriecht Swenja unter dem Bett hervor und lacht.
Ganz schön pfiffig!, denkt Tomek, aber seinen Zaubertrick hat er sich anders vorgestellt.

Die Akrassimowitsch-Kinder wollen die beste Zirkuskapelle aller Zeiten sein und üben so lange, dass es sogar Herrn Akrassimowitsch zu viel wird.

„Wollt ihr nicht mal eine Pause machen?", fragt er. Aber die Kinder schütteln die Köpfe und spielen nur noch schneller und lauter …

Pia möchte als Seiltänzerin auftreten. Pia weiß, dass das Wichtigste beim Seiltanzen das Seil ist. Und Pia weiß auch, dass es schrecklich wehtut, wenn man vom Seil herunterfällt. Also legt Pia das Seil erst einmal unten auf den Boden und läuft drüber hinweg. Das klappt schon ganz gut.

Auch Willi bereitet sich auf seinen Auftritt vor. Willi will ein Löwenbändiger sein. Einen Karton, aus dem der Löwe dann herauskommt, hat er schon gebastelt. Aber wo bekommt er einen Löwen her?

Willi geht in den Zoo. Zum Löwengehege. So ein Löwe ist ganz schön groß. Viel größer als Willis Löwenkarton. Durch Willis Reifen passt er auch nicht. Löwen im Zoo mögen auch nicht dressiert werden. Schon gar nicht von kleinen Willis.

Das hatte sich Willi irgendwie einfacher vorgestellt.

Willi geht wieder nach Hause.

Er setzt sich in den Hof und denkt nach. Wie wäre es denn
mit einem kleineren Tier?

Kater Brown, der Kater von der Witwe Lüderitz,
kommt anstolziert. Der passt zwar in den Karton
und durch den Reifen, aber dressiert werden
will auch er nicht. Kater Brown lässt Willi einfach
stehen und läuft davon.

Willi sieht sich um und entdeckt eine Fliege.

Dann versuch ich es eben mit einem noch kleineren Tier,
denkt Willi. Aber auch die Fliege will nicht in den Karton und
nicht durch den Reifen springen. Sie fliegt einfach davon.

Es sieht so aus, als ob Willis Löwen-Nummer ausfallen muss.

Traurig sitzt Willi auf seinem Löwenkarton.

Pia kommt und versucht ihr Seil zu spannen. Das ist schwer.

Das macht man besser zu zweit. Pia fragt, ob Willi ihr mal
helfen kann.

Aber Willi kann sich ja selbst nicht helfen. Willi sitzt nur traurig auf seinem Karton.

Pia fragt: „Was hast du denn, Willi?"

„Och nix", sagt Willi und sieht nur noch unglücklicher aus.

Pia fragt noch einmal: „Willi, was hast du denn?"

Willi hopst vom Karton und sagt Pia, was los ist.

„Ich habe keinen Löwen! Das ist los. Und wenn ich bis morgen keinen Löwen habe, dann findet der Zirkus ohne mich statt."

Und das geht doch wirklich nicht – Zirkus ohne Willi.

Pia setzt sich zu Willi, und beide denken nach …

Am nächsten Tag ist es so weit! Zirkus RINGELGASSE gibt seine erste Vorstellung! Alle Erwachsenen sind gekommen und warten gespannt darauf, dass es losgeht.

Und wie es losgeht! Die Akrassimowitsch-Kinder spielen allerfeinste Zirkusmusik, und bei den Zwillingen gelingen alle Tricks. Sogar der eingehüpfte Spagatsprung klappt! Das Publikum applaudiert.

Zauberkünstler Tomek zaubert und verwandelt seine kleine Schwester in ein weißes Kaninchen. Alle klatschen begeistert. Wie der Trick funktioniert? Das verrät Tomek nicht. Ein Zauberer verrät nie seine Tricks!
Höhepunkt folgt auf Höhepunkt!

Als Nächstes schwebt Seiltänzerin Pia über das straff
gespannte Seil. Das Publikum hält den Atem an. Und dann
passiert es!

Pia wackelt, rudert mit den Armen, verliert das Gleichgewicht
und fällt vom Seil. Aber da ist zum Glück Willi und fängt sie
auf. Das Publikum ist erleichtert. Ein donnernder Applaus
folgt auf diese aufregende Nummer.

Und jetzt kommt Willi. Alle sind gespannt. Willi wirkt sehr
ernst in seinem Löwenbändigeranzug. Willi sagt, dass die
folgende Nummer sehr schwierig ist und alle ganz still sein
müssen. Der Löwe ist nämlich sehr schüchtern und traut
sich gar nicht aus dem Karton.

Das Publikum hält den Atem an.

Willi schiebt den Löwenkarton in die Manege. Er hält den Reifen in die Höhe und knallt mit der Peitsche.

Der Löwenkarton rappelt und zappelt, er faucht und knurrt und springt durch den Reifen.

Das Publikum ist ganz aus dem Häuschen! So etwas gab es ja noch nie, schon gar nicht in der Ringelgasse 19.

Nun ist die Aufführung zu Ende. Alle Artisten und Zirkuskünstler sind glücklich, und das Publikum will gar nicht mehr aufhören zu klatschen. Das war eine wunderbare Vorstellung, an die man sich in der Ringelgasse noch sehr lange erinnern wird.

3. Als das Paket kam

Wie immer spielen die Kinder im Hof. Aber was kommt da?
Frau Gärtner kommt und bringt die Post. Sie ist die
Postbotin und hat ein Eilpaket dabei. „Ringelgasse 19,
Sonderberg" steht darauf. Sonst nichts.

Alle laufen neugierig zu Frau Gärtner und bestaunen das
große Paket.
„Das Paket kommt aus Afrika", sagt Tomek. „Genauer
gesagt: aus Burkina Faso."
Das hat er an den Briefmarken erkannt.
Was mag da wohl drin sein?

„Ein Elefant!", meint Pia.

„Na klar!" Alle lachen, und Pia wird rot, weil alle sie ansehen und lachen.

„Elefanten sind doch viel zu groß für ein Paket!", sagt Tomek. Aber Pia meint ja auch so einen kleinen, süßen Babyelefanten, der mit ihr kuschelt und ihre Schultasche trägt.

Tomek sagt: „Also, wenn ein Tier drin ist, dann müssen da auch Luftlöcher sein. Sind aber nicht. Also?" Klar, es ist kein Tier drin!

Willi drängelt sich nach vorn und sagt: „Vielleicht ist ja auch etwas zu essen drin."

Willi schnuppert an dem Paket. Dann meint er enttäuscht: „Nein, es riecht nicht nach Essen!"

Tomek grübelt laut. „Wer in der Ringelgasse 19 bekommt Post aus Afrika?"

Alle überlegen ganz still, bis Pia sagt: „Vielleicht fragen wir alle im Haus?"

„Eine gute Idee!", meint Willi.

Frau Gärtner findet das auch gut, denn sie muss weiter die Post austragen und ist froh, wenn die Kinder denjenigen finden, für den das Paket ist.

Die Kinder schnappen sich das Paket, laufen zu Willis Wohnung im Erdgeschoss und klingeln. Willis Mama, Frau Wutz, macht die Tür auf, und alle fragen, ob Frau Wutz vielleicht ein Paket aus Afrika erwartet.

Frau Wutz bäckt gerade Apfelkuchen und erwartet alles Mögliche, nur kein Paket aus Afrika. Obwohl sie schon einmal in Afrika war. Mit der Wasserballmannschaft. Da hat sie auch Herrn Wutz kennengelernt. Ach ja, das war schön …

Die Kinder sind schon lange weg und steigen die Treppen zu den anderen Wohnungen hinauf.

Die Witwe Lüderitz kommt ihnen entgegen. Sie baut sich auf dem Treppenabsatz auf und sagt: „Ich habe bei diesem Paket ein ganz schlechtes Gefühl!"

Alle sehen sie erstaunt an. Wieso denn?

Die Witwe Lüderitz flüstert: „Vielleicht ist eine Bombe drin."

Pia lässt vor Schreck das Paket fallen, und alle stehen mucksmäuschenstill. Tomek hält vorsichtig sein Ohr an das Paket und lauscht. Es dauert eine ganze Weile, bis er sagt: „Nö, tickt kein bisschen."

Alle sind erleichtert und fragen die Witwe Lüderitz, ob das vielleicht ihr Paket ist?

„Nein!", sagt Frau Lüderitz und dass sie keinen mehr kennt in Afrika.

Sie war ja schon einmal da, in Afrika. Ganz früher. Auf Löwenjagd.

Wie? Die Kinder staunen. Frau Lüderitz hat Löwen gejagt?

Frau Lüderitz schmunzelt: „Natürlich nur mit dem Fotoapparat."

Alle lachen, und Pia klingelt an der nächsten Tür im ersten Stock.

„Mensch, Pia!", sagt Tomek. „Da wohnst doch du."

„Stimmt", sagt Pia und kichert. „Und ich bin ja gar nicht zu Hause."

Alle steigen weiter die Treppen hinauf. Ob das Paket der Familie Keller gehört? Sie klingeln bei Kellers, und Tiffy macht auf. Tiffy ist schon vierzehn und versteht das Problem sofort.

Aber sie weiß nichts von einem Paket aus Afrika. Das einzige, was sie von Afrika weiß, ist, dass es da heiß ist und

es dort einen Berg gibt, der Kilimandscharo heißt, und dass
es oben auf dem Kilimandscharo Eis gibt.

Willi sagt: „Lecker, Eis aus Afrika!" Aber das ist ja Quatsch,
wer schickt denn Eis in einem Paket …

Als Nächstes klingeln sie bei Familie Akrassimowitsch. Herr
Akrassimowitsch öffnet und sagt, dass er noch nie im Leben
in Burkina Faso war.

Aber er war schon in Baris, Blondon, Bisa, Berlin, Bad
Beckenburg und Binz. Aber das wollen die Kinder gar nicht
wissen. Sie klingeln eine Etage höher bei den Kronbuschs,
den Eltern von Tanja und Tonja. Die sind alle beide zu
Hause und waren auch mal in Afrika, aber im Kongo und
nicht in Burkina Faso. Während Frau und Herr Kronbusch
überlegen, wen sie noch so kennen, kommt Wachtmeister

Radtke aus seiner Wohnung. Er muss ganz schnell zur Nachtschicht, denn das Verbrechen schläft nie! Auch Herr Radtke war schon in Afrika, bekommt aber keine Pakete von dort. Nur Briefe mit schönen Briefmarken.

Die Kinder versuchen sich vorzustellen, was ein Polizist in Afrika macht. Regelt er etwa in der Savanne den Verkehr?

Herr Radtke ist schon die Treppe hinuntergelaufen, und auch die Kinder sind mit dem Paket wieder auf dem Weg nach unten. Pia zögert und schaut nach oben zur Dachwohnung.

„Und Herr Ernst?", fragt sie.

Die anderen drehen sich um. Herr Ernst? Der war bestimmt

noch nie in Afrika, der fährt doch nie weg. Der macht doch höchstens mal eine Radtour mit seinem alten Fahrrad. Pia seufzt. Wie schade. Da kommt das Paket extra von weit her, und dann will es keiner haben.

Als die Kinder unten in den Hof laufen, kommt ihnen Herr Ernst entgegen. Neugierig betrachtet er das Paket. Er rückt seine Brille zurecht und liest den Absender.

„Aus Ouagadougou in Burkina Faso. Da hab ich mal Kunst unterrichtet", sagt er.

Die Kinder können das gar nicht glauben. Herr Ernst unterrichtet Kunst in Afrika?

Plötzlich wird Herr Ernst ganz fröhlich.

Herr Ernst sagt: „Das ist mein Paket, und ich glaube, ich weiß, was da drin ist."
Vorsichtig macht er das Paket auf und holt eine afrikanische Maske heraus.

„Das haben Kinder gemacht. Kinder wie ihr."
Alle sind ganz beeindruckt.
„Darf ich die mal aufsetzen?", fragt Willi.
Natürlich darf Willi, und alle anderen auch. Lustig sehen die Masken aus und auch ein bisschen gruselig. Herr Ernst zeigt ihnen, wie man in Afrika damit tanzt, und zwar den Kunga-Funga-Tanz. Das ist nicht schwer, und alle tanzen im Kreis. Da kommt Frau Gärtner wieder in den Hof. Sie hält etwas hinter ihrem Rücken versteckt.

Herr Ernst sagt: „Das Paket kam gerade rechtzeitig, ich habe nämlich heute Geburtstag."
Und Frau Gärtner sagt: „Ich weiß. Herzlichen Glückwunsch!", und holt einen prächtigen Blumenstrauß hinter ihrem Rücken hervor.

Herr Ernst ist ganz verlegen und hätte fast das Tanzen vergessen, aber jetzt feiern alle zusammen den Geburtstag von Herrn Ernst.
Pia denkt: Wie viele Geschichten in so einem Paket stecken und dann noch eine ganze Geburtstagsparty!

4. Als das große Rennen stattfand

Wie immer spielen die Kinder im Hof. Außer Willi. Willi kommt mit seinem Roller gerade aus der Schule. Willi hat es nicht eilig. Jetzt bleibt Willi sogar stehen. Er staunt. Vor ihm auf dem Weg ist ein tiefes Loch. Mitten in der Straße. Ist das spannend!

Hier finden Kanalarbeiten statt, deshalb ist der Gullydeckel beiseitegeschoben. Aber niemand ist zu sehen. Wahrscheinlich machen die Arbeiter gerade Pause. Willi untersucht das Loch genauer.

Zur selben Zeit stehen alle Kinder im Hof der Ringelgasse 19 um Tomek herum, und Tomek erzählt, was für ein supertolles neues Fahrrad er hat. Heute hat er den Kilometerzähler angebaut. Aber wenn er erst den E-Motor und die Raketenturbine entwickelt hat, dann ist er sogar schneller als ein Auto.

Dann kann er sogar fliegen mit seinem Fahrrad und tauchen. Alle grinsen. Tomek hat schon tolle Ideen.
Und was macht Willi vor dem Loch? Willi schultert seinen Roller und sieht sich um. Willi wird doch nicht …? Oh doch! Willi steigt die eiserne Leiter hinunter in das dunkle Loch. Es ist wirklich sehr dunkel da unten. Gut, dass er seine Taschenlampe dabei hat. Willi ist ganz aufgeregt. Was für

ein Abenteuer! Er hat einen ganz geheimen unterirdischen Geheimgang gefunden. Wer weiß, wo der hinführt?

Willi nimmt seinen Roller und fährt durch den Geheimgang bis zur nächsten Leiter, die nach oben führt. Er klettert die Leiter hinauf und schiebt mühsam den schweren Eisendeckel beiseite. Vorsichtig schiebt er den Kopf aus dem Loch und ist … direkt im Hof der Ringelgasse 19.
Das ist ja ein Ding!

Keiner hat Willi bemerkt, weil Tomek immer noch von seinem superschnellen Fahrrad schwärmt.

„Ich bin ja jetzt schon der Allerschnellste", sagt er gerade. Und da hat Willi eine Idee. Er steigt leise aus dem Loch, schiebt vorsichtig den schweren Deckel an seinen Platz und geht zu den anderen.

„Los, wir machen ein Rennen", ruft Willi Tomek zu und grinst. „Eine Runde um den Block. Du mit dem Fahrrad, ich mit dem Roller."

„Du willst gegen mich gewinnen?", fragt Tomek.

Ja, genau das will Willi. Die anderen Kinder grinsen. Endlich passiert mal wieder was in der Ringelgasse 19.

Tomek und Willi stehen jetzt nebeneinander. Tanja und Tonja schwenken ihre Cheerleaderpüschel. Sergej bläst in seine Tuba, und schon ist das Rennen gestartet. Tomek stößt sich ab, tritt kräftig in die Pedale und ist auf und davon – zum Tor hinaus und um die nächste Straßenecke. Und Willi? Willi fährt bis zu dem offenen Kanaldeckel auf der Straße, steigt schnell mit seinem Roller die Leiter hinunter und schaltet die Taschenlampe ein.

Tomek wird Augen machen!, denkt Willi.

Willi rollert den unterirdischen Gang entlang. Wo ist die nächste Leiter? Abbiegen, geradeaus … Ah! Da ist sie ja schon.

Die anderen werden staunen, wenn Willi als Erster ankommt. Willi schiebt den schweren Eisendeckel beiseite und schaut vorsichtig aus dem Loch. Aber das ist nicht der Hof der Ringelgasse 19! Das ist der Ententeich im Zoo! Und am Ententeich steht die Witwe Lüderitz und wundert sich. Wie kommt denn hier so plötzlich ein Willi her?

Aber Willi kann das jetzt nicht erklären. Er will ja ein Rennen gewinnen. Und so verschwindet Willi wieder in dem Loch, schiebt den Deckel zu, klettert die Leiter hinunter und rollert weiter durch den Geheimgang.

An der nächsten unterirdischen Wegkreuzung sieht sich Willi um. Hier war ich doch schon mal … abbiegen, dann geradeaus – und schon hab ich gewonnen!, denkt er.
Im Hof der Ringelgasse 19 ist großer Trubel, denn gerade hat Tomek das Rennen gewonnen. Tanja und Tonja schwenken ihre Cheerleaderpüschel, die Akrassimowitsch-Kinder spielen einen Tusch nach dem anderen, und Tomek steigt vom Fahrrad.
„Bin gespannt, wann Willi kommt", sagt Tomek.
Aber Willi rollert immer noch tief unten durch die dunklen

Gänge. Da kommt er an die nächste Leiter. Jetzt aber schnell! Den Deckel beiseitegeschoben und … Nein, das ist auch nicht der Hof. Das ist das Gehege der Elefanten!

Willi erschrickt. Oh nein, die sind aber riesig.
Willi will hier ganz schnell wieder weg. Er will ja ein Rennen gewinnen. Willi verschwindet und schließt den Deckel.
Die Witwe Lüderitz steht am Elefantengehege und traut ihren Augen kaum.
„War das nicht eben schon wieder Willi?", murmelt sie verwirrt und geht kopfschüttelnd weiter.
In der Ringelgasse 19 sind jetzt alle etwas beunruhigt. Wo bleibt Willi denn nur?
„Hoffentlich ist ihm nichts passiert!", sagt Pia. Und die anderen denken das auch.

Tomek meint: „Wir müssen Willi suchen!"
Die Kinder gehen los. Die einen laufen links um den Block,
die anderen rechts herum.

Unter der Erde rollert Willi immer weiter. Er ist sich gar nicht
mehr sicher, ob das mit der Abkürzung eine gute Idee war.
Wo ist nur der Ausgang? Wieder eine Leiter. Hier muss es
sein! Schnell klettert Willi hinauf. Aber was ist, wenn da
oben die Löwen sind?
Ganz vorsichtig öffnet er den Deckel.
Zum Glück sind keine Löwen da. Aber es ist auch nicht der
Hof der Ringelgasse 19. Die Affen stibitzen ihm als Erstes
den Fahrradhelm und spielen mit ihm Fangen.

Die Witwe Lüderitz versteht nicht, wieso zwischen den Affen ein Willi herumturnt. Willi kann das jetzt auch nicht erklären, er muss doch wieder nach Hause. Also überlässt er den Affen seinen Helm und verschwindet wieder in der Unterwelt.

Auf der Straße treffen sich die anderen. Sie haben alles abgesucht, aber Willi ist wie vom Erdboden verschluckt. Pia entdeckt den offenen Deckel und das Loch in der Straße. „Vielleicht ist er in das Loch gefallen", sagt sie.

„Willi fällt doch nicht in irgendwelche Löcher", sagt Tomek. Alle gucken vorsichtshalber nach, aber Willi sehen sie nicht. Und Willi? Willi fährt und fährt … Schon lange weiß er nicht mehr, wo er ist. Soll er nach links oder nach rechts? Egal, Willi nimmt einfach die nächste Leiter, steigt nach oben, öffnet vorsichtig den Deckel und … Jetzt ist Willi endlich angekommen. Im Hof ist kein Kind zu sehen. Willi klettert aus dem Loch und schiebt den Deckel darüber. Da kommen schon die anderen. Ganz vorneweg Pia.

„Willi!", ruft Pia.
Alle sind froh, Willi wieder
zu sehen, und Tomek fragt:
„Wo warst du denn?"

Willi sagt: „Ich, äh … ich hab mich verfahren." Verfahren?
Die Kinder wundern sich. Willi fühlt sich etwas unbehaglich,
und jetzt kommt auch noch die Witwe Lüderitz mit Willis
Fahrradhelm.
Sie ruft: „Hallo, Willi, hier ist dein Helm! Die Affen wollten
ihn nicht mehr."

„Die Affen?", fragen die Kinder.
Jetzt muss Willi doch alles erzählen. Die anderen sind
begeistert. Was für ein aufregendes Abenteuer! Manchmal
ist es eben gar nicht so schlecht, ein Rennen zu verlieren.

5. Als Willi ein Clown war

Wie immer spielen die Kinder im Hof. Aber nein! Es ist ja nur Willi da. Willi spielt ganz alleine Fußball. Aber alleine macht Fußballspielen keinen Spaß. Was machen eigentlich die anderen? Willi hört etwas und sieht hinauf zu den Fenstern. Bei den Akrassimowitschs rufen alle durcheinander, und es wird laut gestritten.

Ein Stockwerk weiter oben stehen die Zwillinge am Fenster und sehen aus, als ob sie sich gerade richtig gezankt hätten.
Und bei Tomek und Swenja ist auch dicke Luft. Tomek will seine Ruhe, und Swenja findet Ruhe langweilig.

Nur bei Pia ist alles ruhig. Klar, Pia hat nie schlechte Laune. Willi rennt die Treppe hoch und klingelt an Pias Tür. Vielleicht hat sie ja Lust, mit ihm zu spielen. Hinter der Tür scheppert es gewaltig. Pia reißt die Tür auf, und ihre Laune ist alles andere als gut.

„Was ist los? Ich hab keine Zeit!", ruft sie, und hinter ihr fällt der Besen um. Der Besen kippt den Eimer um, und das Wischwasser verteilt sich im ganzen Flur.

Pia stampft wütend mit dem Fuß auf. „Heute geht aber auch alles schief!", ruft sie und guckt so, als ob das Willis Schuld sei.

Willi fragt: „Kann ich vielleicht helfen?"

Aber Pia knallt einfach die Tür zu. Vor Willis Nase. Dafür öffnet sich aber eine andere Tür.

Die Witwe Lüderitz von gegenüber hat alles gehört.

„Bei dem Wetter haben alle schlechte Laune, selbst mein kleiner Watson", sagt sie.

Der Papagei auf ihrer Hand guckt sauer.

„Da hilft nur eine kleine Aufheiterung!", meint die Witwe Lüderitz und kitzelt den Papagei. Watson plustert sich und ruft: „Nochmal! Nochmal!" Irgendwie sieht er jetzt gar nicht mehr so sauer aus. Die Witwe Lüderitz zwinkert Willi zu und verschwindet in ihrer Wohnung.

Willi steht wieder allein im Treppenhaus und hört die anderen Nachbarn schimpfen, streiten und zetern. Anscheinend haben wirklich alle schlechte Laune. Heute wird das wohl nichts mehr mit dem Fußballspielen.

Willi geht in sein Zimmer und denkt nach. Da hilft eine kleine Aufheiterung, hat die Witwe Lüderitz gesagt. Wie kann man ein ganzes Haus aufheitern?

Wer schlechte Laune hat, muss essen! Das hilft jedenfalls bei Willi immer. Wenn Willi jetzt eine riesige leckere Torte bäckt und jedem Hausbewohner ein großes Stück davon gibt, dann haben alle gute Laune. Aber nicht allen schmeckt Torte. So etwas soll es ja geben ... Außerdem fürchtet Willi, dass er die leckere Torte kosten müsste. Erst ein Stückchen, dann noch eins, und zum Schluss wäre die ganze leckere Torte in Willis Bauch verschwunden.

Keine gute Idee, denkt Willi. Aber vielleicht gibt es eine Gute-Laune-Medizin? So etwas wie einen Zaubertrank. Den würde Willi in einem großen Kessel kochen, und dann bekäme jeder Hausbewohner der Ringelgasse 19 einen kleinen Löffel voll. Aber wenn der Trank nicht bei allen wirkt? So etwas soll es ja geben …

Auch keine gute Idee, denkt Willi, und jetzt fällt ihm wieder ein, was die Witwe Lüderitz mit dem Papagei gemacht hat: Sie hat ihn gekitzelt! Willi könnte von Tür zu Tür gehen und alle so lange kitzeln, bis sie lachen. Aber vielleicht sind nicht alle kitzlig. So etwas soll es ja geben …

Willi starrt auf das Zirkusplakat an seiner Wand. Und da hat er eine Idee! Eine Superidee!

Kurze Zeit später klingelt es an Pias Tür. Pia erschreckt sich dermaßen, dass ihr die Milchflasche aus den Händen fällt und kaputtgeht. Pia hat heute wirklich nicht den besten Tag. Sie reißt die Tür auf und stutzt. Vor ihrer Tür steht ein Clown. Der Clown lächelt sie an, macht komische Gesichter und lässt sein Taschentuch schweben. Dann fliegt auch sein Hütchen, und zum Schluss liegt alles auf dem Boden: das Taschentuch,

das Hütchen und der Clown. Pia lacht. Und dann ist der Clown ganz plötzlich verschwunden.
Pia sieht sich um und ist mit einem Mal ganz fröhlich.

Ab jetzt geht alles wie von selbst. Was so eine kleine Aufheiterung doch ausmacht!

Als es an der Tür der Familie Akrassimowitsch klingelt und die Akrassimowitsch-Kinder die Tür aufmachen, steht ein Clown davor. Schon müssen die Kinder grinsen, und als der Clown anfängt, mit dem Mund und seinen Händen lustige Musik zu machen, holen sie schnell ihre Instrumente und spielen mit. Schon sind sie alle fröhlich, und auch Frau und Herr Akrassimowitsch müssen lachen, selbst als der Clown plötzlich verschwunden ist.

„Was ist denn das für ein Lärm?", ruft Herr Radtke mürrisch.

Aber als er den Clown sieht, der jetzt mit großen Arm-
bewegungen den Verkehr im Treppenhaus regelt, muss
auch er lachen. Und Swenja und Tomek auch.
Da sehen auch Tanja und Tonja aus ihrer Wohnungstür und
kichern. Zank und Streit sind vergessen. Und selbst als der
Clown geht – die gute Laune bleibt.

Willi kommt wieder in sein Zimmer und ist sehr zufrieden
mit sich. Übermütig kickt er den Ball durch sein Zimmer
und – KLIRR! Das war die Fensterscheibe!

Schon stehen Herr und Frau Wutz in Willis Zimmer und
machen böse Gesichter.
Willi sagt: „Ich war's nicht … das, das war der Ball."
Seine Eltern sehen sich an und müssen kichern.
„So, so, der Ball war's?", fragt Herr Wutz.
„Willi, Willi, du bist schon ein Clown", sagt Frau Wutz, und
da hat sie doch ein bisschen recht.

6. Als sie etwas werden wollten

Wie immer spielen die Kinder im Hof. Heute spielen sie Fußball. Alle rufen durcheinander: „Hierher! Spiel doch ab, Mann! Los, zu mir!" Wie man das beim Fußballspielen so macht. Pia steht im Tor und hält einen harten Schuss. Alle applaudieren und pfeifen bewundernd.

Da fliegt oben das Fenster auf, und Herr Radtke ruft: „Bei dem Krach kann man ja gar nicht schlafen! Hier gibt es Leute, die nachts arbeiten müssen!" Wütend knallt er das Fenster zu.
Willi sagt: „Nachts arbeiten ist ganz schön doof."

Aber Tomek meint: „Das Verbrechen schläft nie."

Und Tomek muss es ja wissen. Der sich da beschwert hat, ist nämlich sein Vater, und der ist Polizist.

„Wir werden später keine Polizisten", sagen Tanja und Tonja.

„Was denn dann?", will Pia wissen.

„Wir werden reich und berühmt."

Tomek fragt: „Wie soll das denn gehen?"

Und die Zwillinge erzählen: „Erst stehen wir irgendwo ganz schick rum. Und dann kommt ein Fotograf. Und dann sind wir vorn auf jeder Zeitschrift.

Und dann dauert es nicht lange, und wir sind im Fernsehen. In jeder Show. Dann kriegen wir ganz viel Geld. Und dann haben wir die schicksten Kleider und tun lauter gute Taten.

Zum Beispiel retten wir Wale und Delfine und lassen sie zurück ins Meer. Aber nicht nur das! Wir haben unseren eigenen Pool. Und wir essen so viel Eis, wie wir wollen."
„Was euch alles einfällt", staunt Pia.
Sie weiß überhaupt noch nicht, was sie mal werden will, und köpft den Ball zu Willi.
Willi sagt: „Also ich werde ein Super-Willi. Genauso einer wie in den Comics. Ich nehme es von den Reichen. Und ich verteile alles an die Armen der Stadt. Ja, das mach ich, Tanja und Tonja! Eure schicken Kleider! Eure Eisbecher! Eure Schinken und Würstchen! Alles hole ich und verteile es an die Armen der Stadt! Und dann besiege ich noch das Böse und kämpfe für das Gute in der Welt."

„Oh nein!", rufen die Zwillinge, und Tanja meint: „Man kann doch kein Super-Willi werden. Das ist doch gar kein Beruf."
Willi sagt: „Doch, das geht. Superheld bin ich ja nur neben bei. Eigentlich sitz ich ganz normal im Büro, hab Familie und so. Aber wenn es nötig ist, dann werde ich Super-Willi!"
Tanja und Tonja beruhigt das kein bisschen.
„Keine Angst. Dann komme ich", sagt Tomek. Tomek weiß nämlich auch schon ganz genau, was er mal werden will.
Tomek wird mal Raketenkonstrukteur oder Kriminalkommissar. Oder beides. Beides zusammen ist ja noch viel spannender. Das ist dann so:
Kriminalkommissar-Raketenkonstrukteur Tomek sitzt in seinem Kriminalkommissar-Raketenkonstrukteur-Büro.

Kriminalkommissar-Raketenkonstrukteur Tomek bekommt einen Anruf. Zum Beispiel von Tanja und Tonja. Die berichten, dass Super-Willi alle Schinken und Würstchen geklaut hat und alle Kleider und Eisbecher auch.
Kriminalkommissar-Raketenkonstrukteur Tomek springt auf, steigt in seine Rakete und sucht Super-Willi. Mit seinem

genialen Kriminalkommissar-Raketenkonstrukteur-Radar spürt
er Super-Willi auf. Jetzt fährt die Rakete die Greifhand aus.
Kriminalkommissar-Raketenkonstrukteur Tomek versucht
Super-Willi mit der Greifhand zu fassen.
Willi lacht: „Doch Super-Willi lässt sich nicht fassen. Er
entkommt und entschwindet in den Weiten des Weltraums."

Alle haben so tolle Ideen, was sie mal werden wollen.
Pia nicht.
Pia will kein Model werden.
Pia will auch keine Super-Pia sein.
Und Pia will nicht mal Raketenkonstrukteur-
Kriminalkommissar werden.
Pia kickt den Fußball zu Ludmilla und fragt:
„Weißt du auch schon, was du werden willst?"
Und Ludmilla antwortet: „Musikerin."

Alle Akrassimowitschs werden Musiker, das geht gar nicht anders. Wenn Ludmilla groß genug ist, dann geht die ganze Familie Akrassimowitsch auf Tournee, und sie werden auf den größten Bühnen spielen, und das Publikum wird vor Begeisterung ausflippen und immer wieder rufen: „Zugabe! Zugabe! Zugabe!"

So hat es jedenfalls ihr Papa gesagt, und die anderen Akrassimowitsch-Kinder nicken. Das wird dann wohl so sein. Willi sieht Pia an.

„Und du?", fragt Willi. „Was willst du mal werden?"

Pia wird ganz rot, weil alle sie ansehen und weil sie es nicht weiß. Pia fällt einfach nichts ein.

Swenja kommt in ihrem Feenkostüm und mit ihrem Feen-zauberstab angelaufen. Swenja wird mal eine Fee. Aber auch das ist nichts für Pia.

Pia hat einfach keine Idee. Wütend tritt sie gegen den Fußball, und der fliegt hoch und höher und landet im Baum. Sergej ist beeindruckt. „Pia hat es drauf."

Beinahe wäre Pia wieder rot geworden, aber dann fällt ihr ein: „Ich werde Fußballerin! Ich spiele so gern Fußball." Eine Superidee!

„Ich werd auch Fußballer!", ruft Willi und stellt sich neben Pia auf.

„Ich auch. Wir werden alle Fußballer", sagt Tomek und stellt sich neben Willi.

„Eine richtige Fußballmannschaft", kichert Pia.

„Wir werden alle reich und berühmt!", jubeln Tanja und Tonja. Swenja stellt sich auch dazu. Feen kann jede Fußballmannschaft gut gebrauchen.

Ludmilla gefällt das. Sie sagt: „Dann müssen wir sofort anfangen zu trainieren."

Aber da gibt es ein Problem. Sie haben keinen Ball. Der hängt oben im Baum.

Swenja will helfen. Sie ist ja schon fast eine Fee. Swenja stellt sich vor den Baum und schwenkt den Zauberstab. Tomek steht hinter dem Baum und rüttelt ein bisschen. Der Ball fällt direkt in Swenjas Arme. Toll, was eine Fee alles kann!

„Fee ist ja auch ein schöner Beruf", sagt Pia, und jetzt kann das Fußballtraining in der Ringelgasse 19 endlich weiter-gehen.

Noch mehr Spaß

mit der Ringelgasse 19

Als Willi ein Held war
… und andere Geschichten
ISBN 978-3-473-44656-8

Als Pia keine Angst hatte
… und andere Geschichten
ISBN 978-3-473-44657-5

Als Tomek König war
… und andere Geschichten
ISBN 978-3-473-44665-0

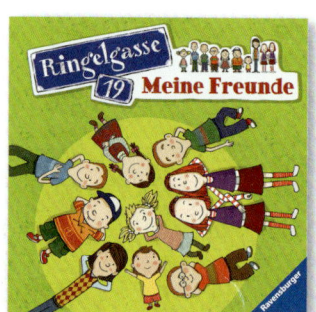

Meine Freunde (Eintragbuch)
ISBN 978-3-473-44660-5

Die Ringelgasse 19 auf DVD …

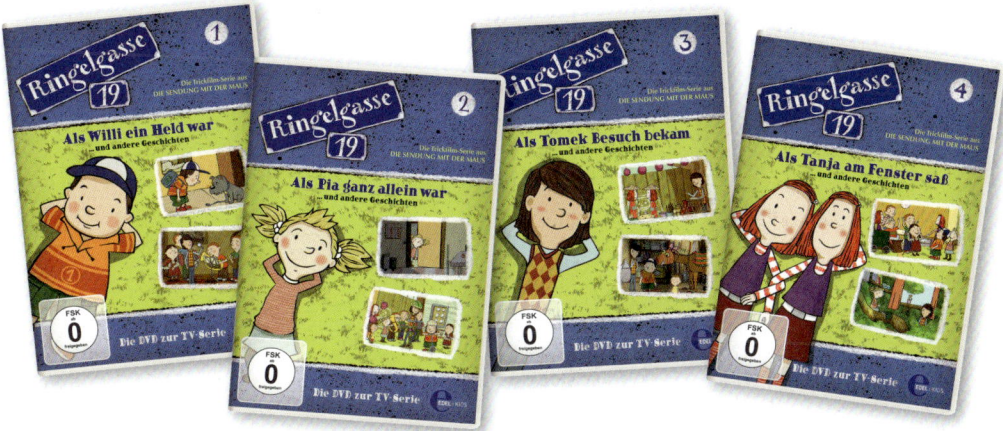

1. Als Willi ein Held war
… und andere Geschichten
DVD 60 min

2. Als Pia ganz allein war
… und andere Geschichten
DVD 60 min

3. Als Tomek Besuch bekam
… und andere Geschichten
DVD 60 min

4. Als Tanja am Fenster saß
… und andere Geschichten
DVD 60 min

… und als Hörspiel auf CD

1. Als Willi ein Held war
… und andere Geschichten
CD 45 min

2. Als Pia ganz allein war
… und andere Geschichten
CD 45 min

3. Als Tomek Besuch bekam
… und andere Geschichten
CD 45 min

4. Als Tanja am Fenster saß
… und andere Geschichten
CD 45 min